2到7歲小孩秒聽話

日本最強幼兒園老師的神·奇·溝·通·術

T老師／著　卓惠娟／譯

suncolor
三采文化

家有幼兒的日常……
快一點、要遲到了！
煩躁
我在穿了啦～
慢吞吞
開門
啊！
哇！
不要玩了！鞋子會濕掉！
哇哈哈，有水耶！
啪嘰
啪嘰
好了、該走了！
嗚～
不情不願
我還要玩！
天啊～我又發脾氣了。
唉～
每天都自我厭惡

叮鈴鈴
咦？
噔噔噔
日本最強幼兒園老師
T老師登場！
你是誰啊？
告訴你一個讓孩子秒聽話的妙招。
想聽嗎？
擊掌
想！

盯
有了！
隔天早晨……
早安啊！
好唷！
剪
剪
你喜歡電車嗎？
超喜歡！
完成了！
我家的剪票口
&
專用通行卡
家 出發
↕
到達
請用
卡片感應。
好棒！
玄關
把紙卡剪成適當大小，
再用筆寫就完成了！

要用卡片
嗶！
家 ↔ ○○
出發
到達
感應喔！
迅速
俐落
興奮
卡片
媽咪～快一點啦！
電車嗶嗶真好玩！
開往幼兒園的電車出發了！
天啊？竟然這麼輕易解決了！
快步前進
等等媽咪啊！
我以前總是一天到晚發脾氣……
我完全可以體會媽咪的心情。
開心
開心
對小孩子來說，**好玩**很重要！

哇，有水坑～
我踩
會弄濕！
哎呀～
別擔心！
遇到這種情況～
哇，來看看！這個水坑裡會不會有魚啊？
縮
什麼？
在哪裡呢？
盯
我們拍個照好嗎？
等等回家再檢查。
手機
好哇，就這麼做！

哇～好厲害！
雖然我認為踩水坑也是很好的遊戲體驗。
但確實不可能每次都放任孩子一直玩。
父母有時候也可以投機取巧一下。
育兒的路上遇到瓶頸，並不是媽媽或孩子做錯了什麼。
只要知道孩子的生理特質及心理變化，就能改變。
想要開心地陪伴孩子成長嗎？
想！
只要花點小巧思，
教養孩子一點都不累～

不用整天催促孩子的親子相處妙招！

大家好！我是T老師。邁入幼教現場已經超過十四年的現任老師。我在大約十年前開始經營推特，當時受到社會大眾關注的「育兒」、「父母」、「兒童」等相關話題，總是離不開「虐童」、「幼兒園過少」、「養小孩燒錢」這類負面的內容（雖然現在也是大同小異）。

看了這些內容，不由得讓我深感憂心——「再這麼下去，會不會大家都討厭小孩子、不想生小孩呢？」於是我開始分享一些在幼兒園發生，這些學齡前幼兒可愛又天真的生活日常，希望讓大家知道**育兒的樂趣**。

某天，因為一個小小的契機，我發了一則以「遇到這種情況就這麼做」為主題的推文。沒想到，這些幼教工作者覺得理所當然的常識，竟然引起很多正為教養而煩惱的家長廣大迴響，紛紛表示「我以前都不知道！」

我這才驚覺**「原來幼教老師已經很習慣、認為很正常的事，一般父母親都不知道」**！於是，我便開始分享教養經驗相關的推文。

目前，我的推特追蹤人數已超過五十萬，個人也經常在日本全國各地演講。二〇二〇年開始經營的YouTube頻道訂閱數更是不斷增加，讓我深深體會到有那麼多人為了教養子女而煩惱。

現在您手上翻閱的這本書，就是把我在幼教現場使用的小訣竅，以及我身為幼兒園老師，和小朋友在互動過程中試過、得到極佳效果的推文，整理成可以拯救爸媽困擾的妙招。不過，書中的內容我並沒有特別以「孩子的年紀」來分類，歡迎各位爸媽只要覺得「可能對我家孩子有效」就不妨一試。

本書所介紹的內容，都有一個共通點，那就是「**讓孩子主動去做你希望他做的事**」。

比方說孩子無法專心聽大人講故事時，大人可能會說：「專心一點！」但是這樣提醒，孩子就能專心嗎？答案是不會。真實的情況是……如果故事書很有趣，就算大人不唸給他聽，孩子也會自己專心看書。

其他情況也是同樣的道理。想要孩子做某些事時，只需要下點工夫，**設法讓孩子覺得「好好玩」**就可以了。

曾經有家長找我諮商，依照著我的建議而順利解決困擾。比方說，「每天早上出門都拖拖拉拉」，可以用和小孩玩搭電車的遊戲來解決；或是孩子沒法好好吃飯時，運用有變身功能的照相軟體幫孩子拍照，然後問：「小兔子會不會吃胡蘿蔔呢？」結果孩子就乖乖吃下原本討厭的蔬菜。

或許會有爸爸媽媽抱怨「這也太麻煩了！」當然不是每次都要這麼做，在爸媽行有餘力時再做就夠了。其實，即使一開始有點麻煩，透過這樣的方式，最後反而能導向不需要再耗費工夫，就能讓孩子聽話的結果。

教養路上確實會遇到各種困境。正因為如此，**若在遇上難題時能有越多的解決妙方，那會是最好的事**。遇到難題時，想一想「T老師是怎麼說的」，然後翻開書，仿照我的做法，會讓我非常開心。

我現在有個夢想，那就是**「連我視線所及範圍以外的孩子，也能得到守護」**！即使不是在我任職的學校直接被我照顧，爸爸或媽媽藉由我的分享而聯想到可用的點子，我應該也是**「這孩子的老師」**吧！

本書正是實現我個人「野心」的方法之一。希望各位能夠時時想起T老師，開心地陪孩子成長，將是我最欣慰的一件事。

第3章 吃飯的難題，試試這一招！

第4章 睡覺的難題，試試這一招！

第5章 規矩的難題，試試這一招！

第6章 遊戲&交友，試試這一招！

第7章 表達的難題，試試這一招！

第8章 責備&讚美，試試這一招！

第9章 身心的難題，試試這一招！

第10章 想告訴爸爸媽媽的話

YouTube專欄

第 1 章

出門的難題 試試這一招

快點出門！

為什麼
不穿襪子？

動作
快一點！

幹麼不換衣服？

自己去準備！

你的鞋子呢？

1

出門
不拖拉

加快出門速度的通行卡

立即達成指數
★★☆

有個喜歡電車的三歲小男孩，
「每天早上都在玄關磨蹭半天不出門。」
苦惱的媽媽找我商量，我建議她：
「要不要畫張剪票口的圖示，貼在玄關大門旁邊，
和孩子一起做張通行卡，出門時候刷一下？」
男孩媽媽聽了露出不置可否的苦笑，
隔天卻滿臉笑容地告訴我：

「老師！他今天出門動作
快到令我忍不住笑出來！」

記住，孩子都有一顆玩心！

2

為何不穿襪子？

穿好襪子的關鍵就在腳趾

讓小孩子學會把襪子穿好，有很多訣竅。
其中有個效果很好，
卻沒什麼人知道的要訣，
就是**「刻意地練習腳趾」**。
最棒的方法是爸媽用手碰孩子的某根腳趾頭，
像玩遊戲一樣地問：「我們來動動這根腳趾好嗎？」
如果孩子穿襪動作很笨拙，
通常是因為腳趾沒法靈活運動。

立即達成指數
★★☆

3

你的鞋子呢？

迅速穿好鞋子的三重點

讓孩子迅速穿好鞋子，有三個重點。

①鞋跟附有手持拉環的鞋款，

這是很重要喔！

對孩子來說，把腳跟套進鞋子是穿鞋過程的大難關，

選擇開口大的鞋款設計，會更方便孩子穿脫。

②可以坐下來的穿鞋椅。

雖然說可以坐在地上穿鞋，

但這動作，就算是大人也不容易做到。

③大人以超慢分解動作，

示範給孩子看！

立即達成指數

★★☆

4

鞋子
不要亂放！

在放鞋的位置貼上停車貼紙

很多爸媽在孩子進家門脫下鞋時，
就會提醒把鞋子放好！
但是對孩子而言，
亂丟鞋子的原因可能是不知道該放在哪裡。
建議爸媽不妨**貼個停車貼紙作標示**，
讓孩子用看的，
就知道「鞋子要放在這裡」！
輕鬆解決鞋子亂丟的困擾。
非常簡單，請務必一試！

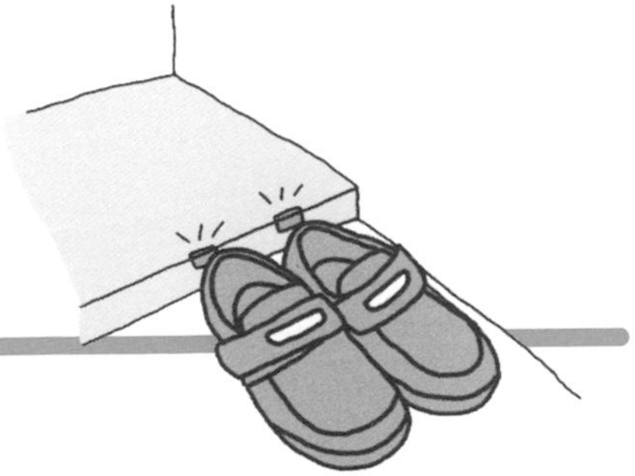

立即達成指數
★★☆

5

怎麼
不換衣服？

大人換個位置站，幫助孩子更快學會自己穿衣服

立即達成指數
★★★

幫孩子換穿衣服時，
只要一個小技巧，
就能加快孩子學會自己換衣服的速度。
那就是**大人站在孩子身後給予協助。**
不要面對面站著，
而是站在孩子背後，
就能循著實際動作把衣服穿好，
讓孩子更易掌握穿衣技巧。
就是這麼簡單。務必一試！

6

快點換衣服！

讓孩子自行選擇想要的穿搭

立即達成指數 ★★★

孩子起歡不肯換衣服時，
爸媽可以拿出兩三件不同樣式的衣服，
讓他選擇**「要穿哪一件」**。
因為是讓孩子「自行挑選」，
更能啟發孩子自己做得到的成就感，
得上心情上的滿足，
自然比較能配合。

7

動作
快一點！

請孩子先幫媽媽挑選衣服

煩惱「孩子不肯換衣服」時，
不妨讓孩子為你挑選衣服。
沒錯，**不是挑孩子自己要穿的衣服，**
而是大人的衣服。
例如問孩子：「媽媽穿哪一件洋裝比較好呢？」
讓孩子為父母選擇，
再對孩子說：**「現在挑你要穿的衣服！」**
為別人挑選衣服時激發的幹勁也能轉移到自己身上。

立即達成指數
★★★

媽媽一起換衣服

我不想換衣服！
嗚哇～
弟弟，你覺得媽媽穿哪一件比較好呢？
咻
嗯，這件…
太棒了！今天是弟弟幫媽媽做的特別搭配！
現在來選弟弟的衣服！
著裝完成
興高采烈
好！
換衣服的鬥志MAX!!

8

衣服穿不好

訓練穿衣動作的祕密道具！

想利用孩子玩遊戲的時間，
練習把手穿過衣袖或腳穿襪子的動作嗎？
T老師推薦的神奇小物，
就是幾乎每位媽媽都會有的**大腸圈**。
讓小朋友把手或腳穿過大腸圈的中間圓洞，
直接套著，
這樣看似簡單的遊戲，卻能讓孩子玩上半天，
但這其實也是換衣服時需要的動作。
在幼兒園很受歡迎。
可以試試不同尺寸的髮圈，讓孩子挑戰喔！

立即達成指數
★★☆

大腸圈

9

動作慢吞吞

需要多點準備時間的孩子，其實只是認真

立即達成指數 ★★★

有些孩子出門前的動作總是慢吞吞。
從大人的角度來看，
常會覺得是在摸什麼而不耐煩。
但建議爸媽可以趁這機會觀察孩子……
他是不是想把鞋子的魔鬼氈整齊貼合，
或是把襪子穿整齊。
孩子可能**不是動作慢，而是個性仔細**。
這樣的孩子不妨多給他一點時間做出門前的準備。

10

自己準備啊！

用實況轉播，提醒孩子一起跟著做

這是我在幼兒園時經常使用的方法。

當我希望孩子做準備時，

我會說：「老師準備要出去散步囉，

現在正要把毛巾放入背包裡！你們要做什麼呢？」

一邊直播自己做的事，

一邊跟孩子們確認準備事項。

孩子們跟著我的指示動作，

出乎意外地快速，真的很有意思。

立即達成指數

★★☆

第 2 章

整理的難題 試試這一招

玩具 不要亂丟！
收太慢了！
天啊，好亂啊！
不是跟你說過 要收好！
吃飯前 要收好喲！
不准 再玩了！

11

收拾玩具！

講出已收好的數量就能加快整理速度

立即達成指數 ★★★

雖然「孩子不肯整理玩具」時，
大人也可以出手幫忙。
但是有個小技巧，
可以加快孩子的速度，
那就是**「講出已收拾的數量」**。
比方「媽媽收好一個了。」、
「你收好三個了？真厲害。」之類語言的鼓勵，
孩子就會興致勃勃地一起整理。
請務必試試看！

12

全部收好！

不用一口氣全收，而是一個一個地收好

要求孩子收拾玩具時，
你會發現讓他們**「一個一個收」時**，
小朋友收得特別快。
「全部收好」的指令會讓他們覺得「困難」，
而不想收拾。
建議用玩具品項區分：
「先把電車放進箱子……接著再收故事書！」
如此分隔「收拾電車的時間」、「收拾故事書的時間」，
孩子就比較能持續專注力。

立即達成指數
★★★

13

動作太慢了！

培養責任感的接力法

立即達成指數 ★★☆

當孩子收拾玩具磨磨蹭蹭時，
不妨**試試「分工接力」**。
有時候，一起收拾的做法也無法引起孩子的興趣，
但是一起分工合作的話——
大人負責發號施令、
把玩具放進籃子，
孩子負責搬運，就能讓孩子覺得有趣而動手。
也可以適時交換彼此的工作。

「接力」可以練習分工

晚飯時間快到了！
趕快收一收！
媽媽一起收～
好！媽媽是收進籃子組。
弟弟是玩具集中組。
了解！
敬禮
籃子
迅速
咻咻！
成就感！
收拾完成
整齊
整齊

14

成堆的玩具

先找出想要留下的，就能解決玩具成堆的問題

立即達成指數 ★★★

想要孩子動手收拾滿屋子散滿的玩具時，
與其說：「不玩的，就收起來吧。」，
不如使用肯定的敘述，
「留下你喜歡的玩具」、
「只留正在玩的玩具」，
更容易讓孩子把沒在玩的玩具收起來。

15

不要再玩了！

玩到停不下來？先理解孩子想玩的心情

立即達成指數 ★★★

想要孩子停下手邊遊戲，但孩子想繼續玩時，
不要說：「好了，趕快收收吧！」
「快點收拾！」「只能再玩〇分鐘喔！」
試著去同理孩子沉浸於遊戲裡的心情，
「好好玩對吧？」
然後再問：**「那你要玩到什麼時候呢？」**
孩子通常會主動提出讓步的方案，
更容易達成你希望的目的。

16

玩到欲罷不能

等等還能玩的安心感很重要

孩子沉浸在遊戲時，
請盡可能讓他專心玩。
這是培養孩子專注於某件事，
執行能力的機會。
但若是必須得中斷時，不妨告訴孩子：
「等一下再玩！」
「東西暫時先放著。」
這樣的建議，比較能夠讓孩子接受。

立即達成指數 ★★★

17

吃飯前
收好喲！

任何時刻都能有效運用的「事先練習」

立即達成指數 ★★☆

想要求孩子做的事，不妨**一起先練習**。

例如「要吃飯了，把玩具收一收」這件事，
大人可以想像這是什麼樣的狀況，
對孩子來說卻不容易。

不妨事前先針對「練習吃飯前要做什麼」，
和孩子一起收拾。
將會產生耳目一新的改變！

18

快點收！

把孩子當主角的現場直播

立即達成指數 ★★☆

孩子總是耍賴不肯收拾玩具！

遇到這種情況，可以試試**「戲劇模式」**。

以講故事的口氣說：

「從前從前，

有一個小朋友叫弟弟。

他本來一直在玩遊戲，結果媽媽要他吃飯，

他就開始整理玩具，

首先是蠟筆，接著是拿積木放進箱子裡～」

通常，孩子就進入狀況，一起開始角色扮演起來。

19

現在就收好！

把希望孩子做的事編成歌詞提升行動力

立即達成指數 ★★☆

「演唱會模式」也是我想推薦給爸媽的方法。

簡單說來，就是把爸媽心裡希望孩子做的事編成歌詞：

「♪〇〇～，
現在正在收玩具，酷斃了！
速度比新幹線更厲害～！」

配上旋律唱出來，不成音調也沒關係。

我就遇過小孩子很喜歡，

還拉著我說要一起即興演唱會，請務必一試！

20

要我說幾次！

把「要孩子做的事」和「理由」分開說明

孩子對詞彙的理解能力，並不如大人想像得高。

「不快點收玩具（希望孩子做的事），

就來不及搭電車，會遲到喲！（理由）」

這樣告訴孩子，聽起來是清楚明瞭，

但其實孩子會很混亂，搞不清楚該做什麼，

以致收拾的進度沒有進展。

所以要**把「希望孩子做的事」**

和「理由」分開講，

孩子的理解速度會快到讓大人訝異。

立即達成指數

★★☆

第 3 章

吃飯的難題
試試這一招

吃快點啊！

不可以
挑食！

要吃青菜！

吃飯不要
發出聲音！

過來吃藥！

再吃一口！

21

快點吃飯！

利用手機讓孩子專心吃飯

立即達成指數

★★☆

孩子吃飯慢吞吞時，

自拍 APP 能發揮極大的助力。

讓照片中的孩子長出耳朵、加上獠牙，變身成各種動物，

爸媽再幫忙加些台詞：

「小白兔要吞掉胡蘿蔔囉！」

「最愛吃肉的獅子，大嘴巴！」

許多試過的家長都表示效果絕佳，

建議大家可以試試！

22

吃飯嚕！

角色扮演讓孩子無意中吃完飯

立即達成指數 ★★☆

叫孩子來吃飯，對方卻一臉不情願時，不妨取一張紙，寫上當天的菜單，假扮成店員，交給孩子：

「這是吃飯的餐券！交給我，我就會把飯端出來喔！」

通常孩子都會開心地坐到餐桌前等待開飯。各位為孩子不吃飯而煩惱的爸媽，不妨一試。

23

不可以挑食！

「傳說中的〇〇大作戰」克服挑食壞習慣！

立即達成指數 ★★☆

我當班導的中班，大概有一半的孩子「討厭胡蘿蔔」，
爸媽都很希望我們能幫孩子克服挑食的問題。
於是我和營養師商量後，
刻意以興奮的口氣告訴孩子：

「我們得到傳說中的胡蘿蔔了！」

帶著孩子觀察還沾著泥土的完整胡蘿蔔。
之後在吃飯時，孩子反應十分熱烈：
「這是傳說中的胡蘿蔔？」「我也要！」

所有人都完食，
傳說和觀察的力量真強大！

傳說中的胡蘿蔔大作戰

呵呵呵
老師得到一個很厲害的東西…
!?
傳說中超厲害的胡蘿蔔！
鏘鏘！
什麼？傳說！
驚！
顏色好漂亮！
仔細看~
凹凸不平，感覺硬硬的。
親子一同仔細觀察！
好好吃！
讚！
克服討厭的胡蘿蔔！

24

要吃青菜！

改變上菜順序，蔬菜變得更好吃！

立即達成指數
★★☆

常聽到如果仿照餐廳的用餐順序「先上沙拉」的話，
孩子就願意主動把蔬菜吃光光，
完全應證「空腹是最佳的調味料」這句話。
並不是「沙拉沒吃完就不可以吃別的！」
而是在其他餐點上桌前，
「為您先上沙拉！」
關鍵是假裝在餐廳吃飯的模樣。
這應該很容易做到，請務必一試。

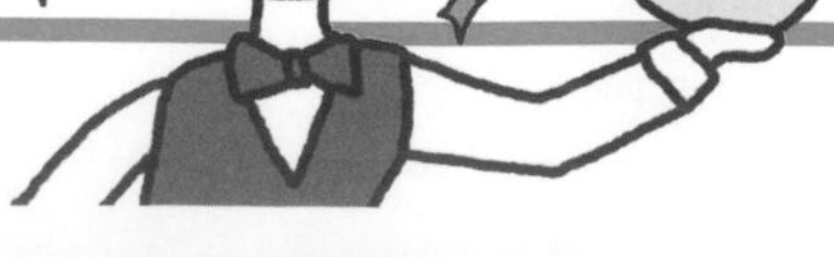

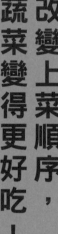

25

吃一口看看！

知道食材烹調前的模樣，增加嘗試意願！

立即達成指數 ★★☆

想要孩子挑戰不敢吃的食物時，爸媽總會說：「吃一口看看！」如果是因為沒吃過而討厭，這招或許行得通。如果不是的話，可以讓孩子先看看烹調前的狀態，例如討厭胡蘿蔔，不妨讓孩子**觀察↓觸摸↓聞**，光是這樣三個動作就會有不同的變化。重要的是**激發孩子正向的好奇心**。

26

吃飯慢吞吞！

試吃專區讓孩子不知不覺把飯吃光光！

立即達成指數 ★★☆

孩子吃飯速度很慢時，推薦爸媽「試吃遊戲」。

多數小孩對於超市的試吃都很感興趣。

把飯菜減至四分之一或六分之一的量，擺在盤子上，

爸媽扮成超市**店員**吆喝：

「歡迎試吃！您要試吃是嗎？可以再續喔！」

孩子就會興致盎然地一口接一口，

不知不覺中把飯吃光光。

27

吃到一半
不吃了？

用小飯糰或迷你尺寸，讓孩子開心完食！

孩子吃飯動作慢，與其不斷催促或責罵，
不如換個方式：「**小飯糰作戰計畫**」，
把碗裡的飯捏成飯糰，
或是「**迷你尺寸誘敵**」把配菜切小塊，
這些方式可以方便孩子加快速度。
如果還是無法奏效，可以試試在客廳野餐。
比較需要擔心的是萬一孩子嗨過頭，
欲罷不能，每次都吵著要這樣就傷腦筋了。

立即達成指數
★★☆

28

再吃一口！

孩子樂在其中比什麼都重要

「再吃一口！」對大人來說只是一句話，
但是對**孩子來說，卻是痛苦不已**。
勉為其難地吃了一口怎麼都不敢吃的食物，
大人又要我「再吃一口」。
重要的是，這真的是為了孩子好？
還是為了大人的自我滿足？
我認為孩子用餐時，
最重要的是他們能夠樂在其中。

立即達成指數
★★★

29

吃飯小聲點！

吃飯好大聲，可能是孩子的鼻子塞住了

立即達成指數 ★★★

孩子吃飯聲音嚼嚼嚼，真是不禮貌，但是在要求孩子「閉緊嘴巴咀嚼」前，請**先確認是不是鼻塞了。**

有時可能是因為嘴巴肌肉發育不完全。

或許可以建議孩子：

「你知道這個菜，咬下去是什麼聲音？脆脆的嗎？

閉上嘴巴再嚼，就可以聽清楚喔！」

30

吃藥了！

把藥放進嘴巴，再用吸管喝水就很簡單

孩子不會吞藥錠或膠囊，
大多是掌握不住吞藥的感覺。
我有個推薦的方法，**就是用吸管**。
爸媽可以用維他命之類的保健食品練習，
把藥錠放進嘴裡，再用吸管喝水。
你會發現要孩子吞藥，就變得輕鬆的事。

立即達成指數
★★★

第 4 章

睡覺的難題 試試這一招

起床了喲！

孩子
有下床氣

還不睡覺！

玩整天了，
體力這麼夠！

怎麼哄都不睡

要來不及了～

31

起床了喲！

解決孩子賴床的咒語「只要早起～～」

立即達成指數 ★★★

學齡前的孩子，還不懂早起是「為了自己」，
卻非常非常喜歡「某人會因為我做的事而開心」。
因此，與其對喜歡賴床的孩子說：
「再賴床就沒辦法吃早餐喲！」
不如對他們說：

「如果你現在起床，
我們就能一起吃早餐，媽媽會很開心呢！」

會更有效果。
只是換個說話方式，孩子就能有很大的改變。

32

快起床！

「電車要開了～」喚醒午睡的孩子

立即達成指數 ★★★

有些孩子天生就是不好叫醒，怎麼叫喚都沒用。

這種時候，

幼兒園午睡時間最常用、效果最好的一招，

就是以廁所或某個教室為目的地的電車遊戲。

聽到**「往〇〇的電車要開了～」**，

孩子們揉著眼睛，睡眼惺忪的起床模樣非常可愛。

好些家長在家嘗試後都表示：「很快地起床了！」

希望大家都能試試。

33

孩子有起床氣

給予「起床後會有好事」的期望，就會樂意起床

立即達成指數
★★☆

準備一封**「信（一句話就好）」**給孩子。
午睡前交給孩子說：
「起床後我們一起讀喔，
是不是好想知道媽媽在裡面寫什麼？」
等午睡時間結束，
孩子就會因為想看信而開心地起床。
「只有一句話的信」很適合用在有起床氣的孩子身上，
讓他們心情變好。

乖乖睡覺、起床必殺技

午睡時間到了
拖拖拉拉
人家還想玩~
最愛弟弟了
寫寫
等等起床一起讀喔！
裡面寫了什麼呢~
信
午睡時間結束
清醒
我要看信！
太好了！
開開心心起床

34

還不快睡！

配合呼吸節奏，陪伴孩子入睡

立即達成指數
★★☆

孩子沒法好好入睡時，
有兩個大受家長好評的方法。
非常簡單，
就是**「配合大人的呼吸拍背」**、
以及**「讓孩子模仿大人的呼吸節奏」**。
雖然效果因人而異，
但非常推薦。

35

拍背也不睡

有助眠效果的三個部位

立即達成指數
★★☆

輕拍孩子的背仍然無法令他入睡時，
我會改用下面三個方法——

①用手指從上而下輕撫孩子的眉間。

②沿著孩子的太陽穴到耳後，撫摸頭部。

③把孩子的瀏海往後梳邊撫摸頭部。

小孩原本就是種「你越要他睡、他越不睡」的動物。
根據我的經驗，
幾乎沒有孩子可以抵擋這三招。

36

體力這麼夠

孩子玩不累？那就試試動腦遊戲

已經在公園玩整天了，
還是精力旺盛不肯睡!?
這樣的孩子讓他**玩玩動腦遊戲反而更容易入睡**。
不論是玩拼圖，
或是準備不同顏色的玩具考孩子：「哪個是紅色？」
再大一點的孩子可以問他：「哪個比較重？」
讓孩子根據大人的表情，
猜測拿的是什麼玩具，效果也很好。

立即達成指數
★★☆

第5章

規矩的難題 試試這一招

不要跑

不肯
乖乖刷牙？

去洗手！

講話
小聲一點！

遵守
輪流規則！

不可以說謊！

37

只想玩手機？

一天一張十五分鐘的3C使用券！

立即達成指數 ★★☆

身邊很多家庭都為孩子沉迷於手機而煩惱，
而我提議的
「給我手機券，才可以玩」規則，
多數孩子都願意接受，
家長也反應效果很好。
不是一味「禁止」，而是明確的遊戲規則，
例如「沒有手機券就不能用」、
「一天只有一張券，限定十五分鐘」，
孩子更容易接受。

38

去洗手！

洗手店開張，把「目標」變成遊戲！

立即達成指數 ★★☆

這種情況，開一家洗手店可以有很好的效果。

由大人充當店長，

吆喝：**「來喔，來喔！**

洗一次手只要一百圓喲！」

孩子假裝付錢去洗手。

哇～乖乖付錢，還把手洗得乾乾淨淨，

這麼好的客人打著燈籠也找不到。

39

為什麼不洗手？

大人站到孩子身後，陪伴孩子一起洗手

很多孩子在學校願意洗手，回到家就藉口一堆。

這不單純是「其他同學也在洗手」的緣故。

而是家中的洗手枱高度，

都是依照大人的身高來設計。

就算有小椅子可以加高，

但站的位置小，洗手時，身體會搖搖晃晃不易站穩。

這時候**大人只要站在孩子身後就可以解決，**

所以請陪伴孩子一起洗手。

立即達成指數

★★☆

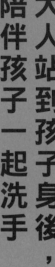

40

討厭刷牙？

從玩遊戲來習慣牙刷

立即達成指數
★★☆

討厭刷牙的孩子，
很多是因為**「不喜歡嘴巴裡有東西」**。
不妨先用**「咬住牙刷」**來練習，
讓他們透過遊戲去習慣。
購買牙刷時，
讓孩子挑選自己喜歡的款式或圖案，
效果更好！

41

刷牙很重要！

吃過「海苔」的牙齒好髒啊～還不刷乾淨！

指導孩子們刷牙的過程中，
我也試過許多方法，
其中最有效的就是在刷牙前，
吃「海苔飯」。
讓孩子張開嘴巴看看牙齒上沾了什麼，
舔舔卡在牙縫裡的海苔碎片，
「嘴裡有什麼東西」一目瞭然。
比起被大人要求，
自己覺得必要而主動去做，效果是最好的。

立即達成指數
★★☆

42

講話小聲點！

大象是大聲公，螞蟻是悄悄說

立即達成指數 ★★★

要求年幼的孩子「保持安靜」是最困難的事。
幼兒園常用的一招，
就是告訴孩子：
「像大象大聲說話！像螞蟻小聲說話！」
接著練習**切換「大小聲」的遊戲**。
試過以後，
希望孩子輕聲細語時可以說：
「現在我們要當螞蟻喲！」
孩子就很容易做到。

43

不要駝背！

讓孩子自然而然地抬頭挺胸

立即達成指數 ★★★

當孩子像條蚯蚓扭來扭去坐不住時，
與其提醒：「坐好！」
不如直接說：

「我們來模仿警衛叔叔！」

孩子更願意乖乖坐好。
小女生把手肘撐著臉龐吃飯時，
可以問她：「公主陛下，餐點的味道如何？」
喜歡想像的孩子，通常就會自然地挺胸坐正。

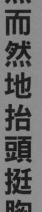

優雅用餐的公主

44

走路暴衝！

防止孩子在馬路上胡亂奔跑

立即達成指數

★★☆

孩子學會走路了，

爸媽**在喜悅的同時，也要教他「停下來」**。

在屋子裡走動時，

有時可以喊：「停！」，

讓孩子學習停下腳步，

利用這個方式反覆練習。

雖然像在玩遊戲，但是非常重要。

要知道馬路如虎口，一定要練習，

以便**發生意外狀況時，孩子能立即停下腳步**。

45

不要亂跑！

原地踏步或跑步 糾正亂跑壞習慣

孩子之所以會在屋子裡亂跑，
除了想活動身體外，
有個很大的原因是「沒有感興趣的事可以做」。
所以就算制止他們「不要亂跑」，
沒過幾秒又開始了。
給他們一個可以玩的遊戲是比較好的。
我建議可以試試沒有危險性的「原地踏步」。
幫他們數次數，就能滿足孩子想動的欲望，
迅速安靜下來。

立即達成指數
★★★

46

東西
不要亂丟！

亂丟東西代表理性腦萌芽，先準備適合扔的物品！

孩子會亂扔東西，
不一定是「扔」這個動作，
而是「扔出去的物品，呈現拋物線掉落的樣子」
或是「掉在意想不到的地方」等等
令他們感受實驗的樂趣。
所以，不是一味地阻止孩子扔，
而是準備「扔出去也沒關係的物品」。

立即達成指數
★★☆

47

要輪流喔！

讓孩子知道「等等」就會輪到自己

當很多孩子要一起使用某項玩具時，
家長就會要求孩子「要輪流」。
但是才三歲的孩子還不會「想像之後的事」，
也就無法理解「會輪到自己」。

與其說他們無法等待，
不如說是無法理解「等待」的意義。

建議大人在等待的時間先陪孩子做其他事，
只要讓孩子重複體驗幾次，
他就會知道「輪流」一定會輪到自己。

立即達成指數 ★★☆

48

不可以說謊！

讓孩子自行察覺「大人知道他說謊」

立即達成指數 ★★☆

很多家長都有「孩子愛說謊」的煩惱。

這種時候與其責備他們，不如回應：「是這樣嗎？」

讓孩子自己發現

大人知道他在說謊的回答方式是比較好的。

不是「因為被罵所以不說謊」，

而是**主動決定「不再說謊」**。

發現孩子說謊時，

提醒他們：「下次要注意喔！」就結束話題。

如果是孩子彼此發生爭吵，就先由大人代為道歉吧！

49

說對不起！

知錯更重要，不強迫孩子認錯！

立即達成指數 ★☆☆

很多時候大人沒有聽到小孩的道歉，
就覺得心裡不舒坦。
但孩子的「對不起」不是為了滿足大人，
道歉的意義不在於說了什麼，
而是內心的想法，
這件事透過表情就可以感受到。
請記得，
孩子要說出「對不起」，也是需要勇氣的。

50

整天罵小孩？

給孩子一個「不會挨罵」的空間

罵了幾次還是照樣爬到櫃子上、才剛提醒過又把抽屜拉出來玩……
這些情況特別容易發生在學齡前的幼童身上。
因為他們還搞不清是非對錯，也無法理智思考，
不過**這些問題會隨著成長慢慢解決**。
孩子還小的時候，
把他們想玩的東西放在高處（防止他們攀爬），
抽屜可以上安全鎖（讓他們打不開）等等，
盡量讓孩子的活動環境安全，避免孩子找罵挨。

立即達成指數
★★☆

第6章

遊戲&交友 試試這一招

怎麼
拜託別人？

放假
要幹麼？

借玩具
給朋友！

空檔時間
可以玩的遊戲

總是
一個人玩

和朋友
吵架？

51

提升專注力

把故事分次讀完，避免缺乏專注力

爸媽在讀故事書給孩子聽時，
通常都是一次讀完吧？
偶爾也可以賣個關子，
告訴孩子：「等等再來繼續吧！」
或是午睡前先讀一半，等睡醒再來講後半段的故事。
像這樣**刻意把故事分成兩次來讀完，**
對於專注力不夠持久的孩子，尤其有效。

立即達成指數
★★★

52

放假要幹麼？

無聊的假日要幹麼？今天來當小小攝影師！

立即達成指數
★★☆

不知如何安排孩子假日活動的爸媽，
給孩子一台相機吧！
讓孩子帶著立可拍相機或是手機，
就算是每天都在走的散步路線、住家附近的公園，
也會變得很有趣喔！
從孩子角度拍攝的照片，
又或是「為什麼會拍這個？」等等令人莞爾的照片，
把照片洗出來，這也會成為特別的體驗不是嗎？

53

一起畫畫

把圖畫變可愛的密技，提升人氣

立即達成指數 ★★☆

「不管畫什麼，只要在臉頰加上點點點，就會變得很可愛！」

這是我剛畢業時，幼教前輩教我的畫畫祕訣，現在依然時常派上用場。真是感激他的指點！就算畫畫是我的死穴，也不致於讓圖案變得死板單調，因為是很簡單的技巧。各位也務必一試！小朋友一定很開心～

54

不受歡迎的色紙

使用咒語，把沒人愛的文具大變身！

紅、藍、黃等色彩鮮豔的色紙，
總是比較受孩子的歡迎。
咖啡色、土黃色的色紙，
很容易因為孩子「不喜歡」而被留下來。
這時候可以把它折成小東西，
加上**「木頭」**二字，
例如木頭飛機、木頭盒子、木頭飛鏢……
就能讓這些被嫌棄的色紙瞬間大受歡迎。
這一招在大家搶用的色筆上也很有效，請務必試試！

立即達成指數
★★☆

55

沒事可做時

沒有用但有趣、可以打發時間的事

立即達成指數 ★★☆

這時候可以教孩子一些**「有趣但是沒用」**的事，
例如彈手指或是吹口哨。
孩子的世界裡，一個讓大家都嚇到的鬼臉，
遠比大人眼中厲害的事更有趣，
也意外地能讓孩子建立自信。
不知道該做什麼事的時候，務必試試看！

56

空檔時這樣玩

無聊時的小遊戲～注意力全集中！

立即達成指數 ★★☆

用手指按住孩子背部，
問：**「猜猜看有幾根手指？」**
也配合孩子的年齡來問：
「你猜是大拇指還是食指啊？」
或是由孩子按大人背部來出題。
如此可以自然而然地學會專注力，
以及對數字的概念。
週末有短暫空閒時間時務必試試看！

57

刺激
孩子說話

「電話遊戲」讓孩子多開口

想讓孩子更擅於交談，我推薦「電話遊戲」。

普通的對話很容易一下子就膩了，無法持續下去。

如果假裝打電話，

「喂，你是〇〇嗎？」

「你喜歡什麼顏色？」

「你喜歡什麼遊戲？」

孩子會很熱衷地願意交談。

想問孩子「今天在學校做了什麼」時，這是有用又方便的一招。

立即達成指數 ★☆☆

58

在家
生活教育

陪媽媽做菜，一次用到五感

立即達成指數
★★☆

孩子是透過親身體驗而學習的。
就算在書上看過一百次的長頸鹿，
親眼見到活生生的長頸鹿，也能讓孩子產生新感動。
最適合在家做的體驗遊戲，就是做菜了。
實際觀察食材，透過摸、聞、聽（切菜、炒菜的聲音），
最後再去品嚐。
烹調是少數能夠完全發揮五種感官的方法，
或許適合用在「第一次幫忙做家事」時！

59

分享玩具

引導孩子與朋友分享「喜歡」的感受

立即達成指數
★★★

想要孩子願意分享玩具，
重點是孩子能夠感同身受。
與其直接要求
「把玩具借給朋友」、「小明也想玩耶～」，
不如問問孩子：
「你喜歡這個玩具的什麼地方？」
再加上一句：
「原來如此！小明一定也會喜歡～」
孩子就會有不同的反應。
這是喜歡同一件事物而產生的共鳴。

60

拜託好難？

用親子對話讓孩子學習「拜託別人」

過度在意「不要給別人添麻煩」的孩子，
尤其不擅長「拜託他人」。
明明只要跟同伴開口說聲：「可以和我一起拿這個嗎？」
就能立刻解決的問題，卻不開口。
所以不妨讓孩子從生活中學習，試試這樣說：

「因為你和我一起做，所以做到了！」
「只有爸爸自己的話，絕對辦不到。謝謝你！」

孩子就能慢慢學會開口拜託。

立即達成指數
★★★

61

怎麼不跟朋友玩？

孩子好孤僻？其實他已經交到朋友了

有些家長在孩子三歲左右時會煩惱，

「怎麼都自己一個人，希望他能多和朋友一起玩。」

例如問孩子：「剛剛在玩什麼？」

孩子回答：「我和〇〇一起堆積木！」

但實際上家長看到的是，

孩子們各自用積木在堆疊東西而已。

其實，

孩子們一起玩耍的情況，比家長感受到的更多，

所以不用太擔心，也別著急，

在一旁守護孩子就好吧！

立即達成指數 ★★★

62

總是耍孤僻

一個人玩 更能培養人生需要的能力

孩子要過五歲後，才會主動開口找朋友玩。
在這之前都不必著急，
讓孩子充分享受「自己一個人玩」。

一個人玩，能夠培養想像力、專注力及思考力。

能享受自己一個人玩的孩子，
在其他人眼中，也會產生吸引力，
有朝一日，自然能和朋友玩在一起。

立即達成指數
★★☆

63

被欺負了

發生衝突時，不要急著斷定加害者與被害者

孩子們發生爭執時，大人總習慣當下判斷「是誰的錯」。

比方說，

兩個孩子搶玩具，大人會把焦點放在「誰先拿到的」？

然而，有時候先玩的人，其實也是搶來的。

如果大人能夠**先聽聽兩邊怎麼說，再提出建議，**

孩子也能學會商量、討論。

如果還是繼續吵不停的話，

不妨試試「先給媽媽玩吧」，強迫雙方冷靜，也是一種辦法。

立即達成指數

★☆☆

YouTube
專欄

「希望孩子能自己玩！」這時候該怎麼辦？

爸媽偶爾會有想專心處理家事，或是必須得在家工作時，內心總會祈禱：「希望小孩現在能自己一個人玩，別來吵我！」偏偏遇到這種情況時，孩子總是無法配合：「媽媽來做這個～爸爸也一起來～」讓爸媽不由得焦躁起來……相信這是許多家有小魔獸的日常情景。

為什麼會這樣呢？因為這是大人想要孩子自己玩，是大人單方面地對孩子「置之不理」的狀態。而孩子突然感覺被爸媽拋下了，所以會比平時更加黏人，纏著大人。這時候，究竟該怎麼處理呢？**其實就和平時一樣，趁著孩子專注在某些事時再離開就可以了。**

但什麼是孩子專注的時候離開呢？介紹一個簡單的判斷標準——那就是**孩子「自言自語」時**。

「火車來囉，嘟嘟嘟！」、「這個非常好吃喲～」當孩子開始自言自語時，就是他們沉浸在自身世界的暗號，這時候就是爸爸媽媽可以中途離開的最佳時機點。不用特地交代：「媽媽去處理一下工作喲～」，因為這時候開口反而會中斷孩子專注的狀態，直接悄悄退場就好。

另一個方法，就是**爸爸媽媽可以預備一些在工作或做家務時，才讓孩子玩的特別時刻玩具（或遊戲）**。比方說平時沒有讓孩子玩黏土，但爸媽無法陪玩的忙碌時候就讓孩子玩，或是只在這時候才拿出來的迷你車、貼紙簿等等。「我們現在拿『特別玩具』出來玩，好不好？」這麼一來，爸媽無法陪伴的時間就不是「孤單的時光」，而是一段「快樂的時光」，建議各位爸媽可以試試。

第 7 章

表達的難題 試試這一招

要玩多久？

給我
乖乖聽好！

有車子、
看路！

如何和
孩子說話？

不是
約好了嗎？

表達愛意？

64

不要踩水坑！

用手機拍照回家來觀察

很多孩子一看到水坑，就忍不住地去踩踏。
想制止孩子不要穿著鞋子踩水時，
不妨這麼說：
「咦？這個水坑會不會有魚啊？」
孩子就會立刻縮回腳，詢問：「在哪裡？」
爸媽可以一邊找一邊用手機拍下水坑，
若無其事地說：「我們回家看照片找找看！」
孩子通常都會順從地跟著回家。
玩水坑也是很好的學習經驗，
但確實不可能每次都放任孩子隨意玩。
這時候大人也可以投機取巧喔！

立即達成指數
★★☆

65

快一點！

先有肌膚的碰觸，就能把大人話聽進去

立即達成指數 ★★★

想要孩子「立刻去做○○」的時候，

先張開雙手，

輕聲地把孩子叫到身邊。

然後抱著孩子，告訴他，要他做什麼事。

通常都可以有好效果。

遇到必須要求孩子「快點去做」、「為什麼不做」的情況時，

用**擁抱之類的肌膚接觸開場**，

會讓孩子把大人說的話聽進去，把該做的事做完。

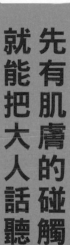

66

快去○○！

讓兒童主動「幫忙」的一句話

希望孩子幫忙做什麼時，
與其命令：「去做○○！」
不如說：**「幫我一下！」**
更能讓孩子自動自發地完成該做的事。

比方說，想要他「快去收拾」，不如說「『幫忙』收一下」，
這句話背後的語意，不是「被命令」，
而是「自己的任務」，
更自然地傳遞出**「你是主角」**的訊息。

牢記運用這句話，即使只是一下子，孩子也願意幫忙。

立即達成指數 ★★★

67

好好做！

孩子不聽話，換個溫和而具體的說法

立即達成指數 ★★★

大人常對孩子說的「好好做！」，對孩子來說，其實非常地語意不明。

除了會產生巨大的壓力外，還會**「害怕」，以致當下什麼也做不成。**

對於聽不懂到底要做啥的孩子，不妨給個溫柔而具體的指令。

例如坐著不動的孩子，直接問他：**「現在能站起來嗎？」**

68

打招呼啊！

養成打招呼習慣的一小步

立即達成指數

★★★

與其斥責孩子不懂得打招呼，
不如用遊戲的方式，讓孩子快速學會。
以前遇到剛來幼兒園的害羞小朋友，
我們會請家長跟孩子提議：

「今天用老師快要聽不見的聲音說『早』好嗎？」

等孩子小聲地打了招呼後，再讚美他。
這麼一來，
孩子就能**成功地打招呼（雖然很小聲）**，
再過段時間，就能以正常的音量道早。

69

還要玩多久？

讓孩子知道大人的心情，加上「如果你能○○」保證奏效

立即達成指數 ★★☆

希望孩子去完成某件事時，用「我（爸媽）」開頭會比要求「你（孩子）」，更讓孩子想做。

比方說「還要玩多久？趕快收一收！」是以孩子為主體。

「媽媽想把飯菜端到飯桌上，如果你能幫忙收玩具，我會很高興。」則是以大人為主體。

能讓最愛的爸爸媽媽開心，孩子就會率先去做。

不妨把爸媽自己的心情，如實傳遞給孩子！

70

不是說好了？

在孩子遵守承諾時給予肯定

立即達成指數 ★★☆

和孩子做了某些約定後，
重點不是「在孩子破壞約定時責罵」，
而是**「讚美孩子遵守約定的狀況」**。
比方說，和孩子約好「去圖書館要安靜」，
不要在孩子大聲說話時罵他吵！
而是在他安靜時更頻繁地讚美：
「好棒！你會注意要小小聲說話呢！」
這麼做效果會更好。

71

等一下！

加上一句「好期待～」，孩子就會耐心等待

希望孩子等一下時，
除了告訴他們：「等一下」外，
最好能在孩子忍耐時加一句：

「很期待，對吧？」

例如等著吃飯時說：「好想快點吃飯呢！」
做外出準備時，則是說：「好期待快點出門呢！」
試著去**同理孩子「期待」的心情，**
和他們一起乖乖等待吧！

立即達成指數
★★★

72

聽懂了嗎？

一句「媽媽有話跟你說」，孩子會更注意聽

有話對孩子說，希望孩子聽進去時，
如果在家、在學校的做法不同，
會讓孩子有認知上的差異。
在家裡，可以和孩子說完話用句「懂了嗎？」
來確認孩子是否確實聽懂；
在幼兒園，我們會從手指動作開始，
提醒孩子：**「接下來老師有話要說喔！」，**
讓孩子做好聽話的準備。
各位爸媽不妨記下這個小技巧。

立即達成指數
★★★

73

給我
乖乖聽好！

先喊孩子的名字再開始說

立即達成指數
★★★

對孩子而言，
「聆聽」和「理解」是兩回事。

尤其是後者，孩子必須專注在說話者身上，光是要他們「乖乖聽好」，效果也有限。
最簡單又能立即做到的技巧是
「說話前先喊名字」。
只要這麼做，孩子就會知道「媽媽是在對我講話」，自然就可以乖乖聽大人說話。

74

快去準備！

讓孩子選擇先做什麼

立即達成指數

★★☆

經常把「不要！」掛嘴上，動不動就唱反調的孩子，
就讓他自行「選擇」。
都忙著出門了，如果孩子還喊「不要」，
爸媽又強迫他動作快點，
這無疑是火上加油。
這時候讓他自己決定

「要先換衣服？還是要先上廁所？」

因為有「自己做主」的成就感，能勾起孩子的興趣，
更能樂意地去完成爸媽交代的事情。

75

忘記了嗎？

自行發現就不容易重蹈覆轍

立即達成指數 ★★☆

孩子忘了什麼事情時，與其爸媽開口罵，
不如讓他**自行察覺**，
之後更不容易犯下同樣的錯誤，
比方說，當孩子忘記戴帽子時，
媽媽提醒他：「忘記戴帽子喲！」
他可能會說：「我不想戴！」
如果你說：「啊今天太陽好大，應該會被曬得很熱！」
孩子自己發現忘了戴帽子，就能讓他順從地戴上。

76

有車！
看好！

教孩子從聽覺感受到資訊

特別是四歲以下的孩子，
依賴聽覺和視覺，
做出反應、判斷的能力是差不多的。
如果提醒他「看好，車子來了！」，卻效果不佳時，
不妨請他注意聲音「有沒有聽到車子的聲音？」
更容易讓孩子停下腳步，
注意是否有來車。

立即達成指數
★★☆

YouTube 專欄

不用催促，孩子就能主動做好

「快點換衣服」、「吃快一點」……

大人幾乎整天都在催促孩子，有時候，甚至還會用威脅的，例如：「你動作不快點，媽媽就不買那個給你了。」

我也曾為這樣的事煩惱。但仔細想想，**對孩子來說，他們沒有感受到必須「動作快的理由」**啊。因為沒有「幾點前不〇〇的話，就不能△△了」的狀況，所以**缺乏動力，自然不明白「為什麼必須快一點」**。在我試過諸多方法後，發現一個成效不錯的方法，在這裡和大家分享。

比方說孩子吃飯慢吞吞時，我試過另外拿出一個小盤子，在裡面盛裝大約食指指腹大小的飯量，接著問孩子：「這樣的飯量，可以吃完嗎？」孩子應該會覺得「我吃得完」而吃下小盤子裡的飯；之後再盛給他大約一口的飯量說：「哇！你吃掉了耶，那這樣可以嗎？」

大人在要求孩子「快點吃完」時，孩子的認知是眼前的飯菜都要吃完，但如果變成「這樣一點點」、「一小口」，孩子就容易一口接一口地吃下飯，飯菜就在不知不覺間減少了。如此一來，就會產生成就感，動力也會提高。

這就是「微小的一步」（small step）——藉由設定微小的目標，讓孩子有動力持續地做，最後達成大目標。

不論是換衣服或其他事項，不要讓孩子覺得目標艱難無法達成，而是切割成好幾個細小的目標，一旦做到就讚美，一達成就讚美，這麼一步一步地推進，最後就能在維持動力的情況下抵達終點。

77

不要哭了

問清原因，同理孩子的心情才是捷徑

有時候，對一個哭不停的孩子說：「你看那邊，好像很好玩耶！」
企圖轉換注意力並無法解決問題。

直接詢問孩子哭泣的原因，比較會有好效果。

「為什麼哭呢？」
「原來如此，那真的會很難過呢！」……
先好好地聽，給予孩子肯定。
如果不去認同，
孩子可能為了讓你知道「我有多難過」而哭得更大聲。

同理，才是化解孩子情緒的真正捷徑。

立即達成指數
★★☆

78

不想孩子做的事

別只是說「不可以」，告訴他要做什麼

當孩子做出你不希望他做的行為時，不要一味否定，

告訴孩子你希望他做什麼，

反而會比較能溝通。

比方說孩子在屋內奔跑時，

將**「不要跑」改成「慢慢走」**。

因為幼兒的小腦袋對於理解「否定的事」有難度，

叫他「不要跑」反而會理解成「跑」，

反而加劇跑來跑去的狀況。

所以，務必直接告訴孩子「你希望他做的行為」就好。

立即達成指數
★★☆

79

可以玩啊！

爸媽的「說話內容」和「表情」要一致

對孩子來說，大人的表達有個問題——
有時候，臉上的表情或態度和說出來的話並不一致。
例如當孩子表示「還想再玩」時，
爸媽**嘴上說：「好」但卻皺著眉頭，**
或是嘴角上揚笑著說「不行」。
這種情況太常發生的話，
容易養成孩子「看人臉色」的習慣。
如果爸媽的表情、態度和說話能夠一致，
孩子的行動力也會快速成長，請務必一試！

立即達成指數
★★☆

80

小幫手養成！

再簡單的事，也要用明確的語句表達

對孩子而言，整理語言中的資訊不是件容易的事。

「幫我把放在那裡的面紙拿來」這一句話看來簡單，卻藏有相當多的訊息，孩子實在不好理解。

「有事請你幫忙。」↓先告訴孩子你有一個請求。

「看到那裡的面紙嗎？」↓理解目標物在哪。

「幫我拿來好嗎？」↓告知要孩子幫忙的內容。

用這樣方式溝通，幾乎可以百分之百傳遞你的訊息。

請盡可能明確表達你的資訊。

立即達成指數
★★☆

81

怎麼和孩子說話？

重複敘述也是一種充分溝通

立即達成指數
★★★

不知道怎麼和孩子說話的爸媽，可以試著用複誦的方式。

「媽媽，我做了〇〇喲！」

「原來如此，你做了〇〇呀！」

「爸爸，我在那裡看到〇〇喲！」

「真的呀！你在那裡看到〇〇呀！」

不需要特地找話題，

光是「有人聽我說話」，就是一件開心的事。

習慣以後，

可以再問：「你做了〇〇後，結果呢？」

「你看了〇〇，覺得怎麼樣？」

82

今天
過得好嗎？

利用早晨時間製造對話的契機

想利用孩子回到家到睡前這段短暫的時光，
和孩子好好聊天的話，有個非常簡單的方法。
那就是趁著早上時間問孩子：

「今天去學校想做什麼？」

晚上就可以問：
「你早上說想做〇〇，結果做了嗎？」
這樣做比單純詢問：「今天做了什麼？」
更能豐富內容，容易擴展更多話題。

立即達成指數
★★★

運用語尾助詞，讓語調變柔和

立即達成指數 ★★★

對於「不知道怎麼拿捏和孩子說話用詞」的人，
我有個簡單就能做到的建議。
那就是在句尾加上「呢、吧、喲」等語助詞。

「想做○○？」→ **「想做○○呢？」**

「去○○！」→ **「去○○吧？」**

這麼做的話，孩子的說話方式也會跟著溫柔起來，
注意遣詞用字時請務必試試看！

84

大寶退化了！

加上孩子的名字傳達「我很關心你」

當家中有更年幼的弟妹出生或是爸媽忙碌時，
孩子特別容易感到不安，
覺得「沒有人在意我」而搗蛋，
試圖去做引起大人注意的行為。
這時候，只需在叫孩子時，
說出「正在〇〇及名字」，
如**「正在玩積木的小芝麻」**就能讓孩子有安全感，
感覺「爸媽很關心我」。
大推喔！

立即達成指數
★★★

在日常對話中表現愛意

愛若是有附加條件，容易讓孩子有偏差的行為。
還是小寶寶的時候，
不管做什麼都會被讚美「真可愛」、「最愛你了」，
到孩子長大點，
卻變成「做到某件事，所以是好孩子」，
這等於是給愛加上了條件。
在平時對話中就表現你的愛吧！

「媽咪最愛的弟弟，早安！」

正是愛的表現。

請爸媽都務必一試！

立即達成指數
★★★

86

希望孩子這樣做

手機也是個傳達指令的工具

立即達成指數 ★★☆

有時候，爸媽用「說的」請孩子做事，孩子卻充耳不聞，
這種情況若能有**視覺上的刺激，**
就會很有效。
比方說，用手機拍下孩子平時好好吃飯的模樣。
當孩子鬧脾氣不吃飯時，
就一起看之前的照片說：
「弟弟乖乖在吃飯耶，看起來好好吃喲！」
孩子就會產生聯想，轉化成行動。
與孩子溝通不易時，務必一試！

87

沒空理孩子

一起照鏡子，讓孩子看看自己被愛的樣子

忙碌的父母若想利用短暫的在家時間，和孩子建立更深的感情時，不妨善用「鏡子」。同樣是抱著或攬著孩子，在鏡子前面做，更能讓孩子清楚看到「爸媽緊抱自己的模樣」，**也因為明確感受到自己被愛，安全感也因此倍增。**

立即達成指數
★★☆

88

愛你在
心口難開

喜歡孩子的喜歡，也是種愛的表現

如果大人很珍惜孩子最愛的玩具，
孩子更會感受到大人的重視。
不要隨意地扔或發出聲響地擺放玩具，
若能多加一句
「爸爸也很喜歡這個玩具耶」，
更是深刻的愛情表現。
短短的時間就可以有大大的效果，
大家可以試試看！

立即達成指數
★★★

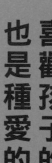

89

愛要說出來

在家感覺被愛，在外就會努力

或許有人會覺得是陳腔爛調，
但因為是事實，所以我更要強調——
孩子從大人身上得到多少的愛，就會有多少的努力。
若能在家感受到爸媽的愛，
在外就會更努力。
即使感到不安或有傷心的事，
也能因為父母的支持而克服。
孩子在外面的消耗，回到家有爸媽的愛補給，
這樣反覆的過程，孩子會更堅強。

立即達成指數
★★☆

90

不是說好了！

讓孩子反覆體會遵守約定的成功經驗

有時候，大人與孩子間會有「不是講好了嗎？」的情形，
但那些其實只是「命令」。
孩子也可能想遵守約定，卻做不到或忘了。
這時候若是因為無法遵守約定而挨罵，可能會讓孩子失去自信。
所以希望家長和孩子訂立約定時，
選擇孩子「做得到的事項」，
讓孩子累積「我做到了」的經驗。
隨著這樣的經驗累積，就能教養出遵守約定的孩子。

立即達成指數
★★☆

YouTube
專欄

讓小魔獸秒聽話的祕訣

做爸媽的，應該都很常遇到「我說的話，孩子都沒在聽」的狀況？明明叮嚀孩子：「等下記得整理玩具。」但孩子嘴上說好，卻完全沒有要動手的跡象；三催四請地要孩子過來吃飯，卻一個個盯著電視，連回應一聲都不知道。這時候哪個爸媽可以忍著不爆怒，大喊：「要講幾次才知道！」其實有個能輕易改善的辦法。

孩子之所以沒在聽你說話，是因為他們的大腦還在發展，**聽力和視力無法同時作用，當他們專注在聆聽時，視覺器官可能是休息狀態；相反的，專注在視覺時，聽覺器官就休息了**。又或是，雖然了解對方在說什麼，但說話內容並沒有進入腦袋。因此，想要孩子聽見你說話，得讓他「真正的聽見」。

至於方法很簡單，在和孩子說話前，可以先來段開場白「注意注意，媽媽有話要說！」其實，幼兒園裡也常有孩子完全沒在聽老師說話的情況，這時候只要加入音效，或是來段歌曲，效果立現！就算只是模仿**超商的開門鈴聲**、**捷運進站的音樂**、**某電視節目的主題曲**，立刻吸引孩子把注意力轉向我這。不是讓他們害怕喔，而是讓他們好奇「那是什麼聲音啊？」來注意T老師要幹麼。

另外，也可以改變說話的音調，看是故意壓低嗓音或是模仿米奇的聲音要孩子吃飯，這些都會引起孩子的好奇心。等到孩子確實把注意力轉到你身上時，再說出你要說的事，孩子更會把你的話聽進去。

這樣一個簡單的小技巧就可以有全然不同的效果，是不是很想試試呢？

第 8 章

責備 & 讚美 試試這一招

為什麼
做不到？

整天罵小孩

要聽話！

找不到
可讚美的地方

希望孩子
主動一點

讚美也沒用

91

斥責和發怒的差異

能否在說話的同時想著「這是為了孩子好」

很多爸媽都搞不清楚「斥責」和「發怒」差異。

「斥責」是基於思考，
為孩子而做的行為；
「發怒」則是大人單方面的情緒發洩。

如果還是不好懂，可以想想，
若是抱著**「為了孩子將來好」**的心情，
那就是「斥責」。
不過，爸媽也是人，生氣是在所難免，
希望各位爸媽不要因為自己的情緒而自責。

立即達成指數
★★☆

感覺快發火時，更需要肌膚接觸

責備孩子固然可以給孩子一個提點，但讓我覺得最有效的，還是要加上「肌膚接觸」。

有沒有發現，讚美孩子時會自然而然地碰觸孩子，責罵時通常會保持一個距離。

若是責備時能一邊輕慰孩子的手或背，爸媽的語氣自然就變溫柔，不易說過火，

畢竟言語和行為會互相影響，要一邊溫柔的撫慰又要生氣，其難度相當高。

立即達成指數
★★☆

93

整天罵小孩

責備時拉開、讚美時靠近

當孩子做錯事時，大人會迅速靠近開始罵人；
若孩子做了值得被誇獎的事，大人反而不會靠近，
常常只是遠遠看著孩子說聲「好棒」就結束。
希望家長可以把這兩種狀況反過來，

「近距離讚美，遠距離責備」。

近距離的讚美會讓孩子開心，
挨罵時離遠一點可以降低壓迫感，把爸媽的話聽進去。
若覺得自己整天罵小孩，可以試試這個方法。

立即達成指數 ★★☆

94

過度責備

克制不住想罵孩子，那就等待「心情」的放晴

立即達成指數 ★☆☆

注意自己的心情，有助於與孩子的互動。

心情是雨天時，責罵孩子很容易演變成暴風雨；
捉摸不定的陰天時，不會知道會傾向哪一邊；
心情是晴天時，可以正確傳遞你想表達的事，
所以當心情是雨天或陰天時，等待放晴才是最佳做法。
正因為要責備孩子，更要選擇放晴的時刻。
人們瞬間升起的怒火「最多持續六秒」，
試著等待六秒，就會由雨轉陰，由陰變晴。

95

不是說過了嗎？

認同心情譴責行為，「但是」與「不過」的正確用法

立即達成指數 ★★☆

想要提醒孩子時，
只要加上「但是」或「不過」，語意就會截然不同。
比方說，「不是要你整理？」時再加一句

「但是你還想玩吧？」

或是「不可以爬到那裡喲」，
再說：**「不過，你是因為覺得好玩是吧？」**

譴責孩子的行為，但要同理他的心情。

96

你是壞孩子！

小心，「壞」字已經否定孩子的人格

立即達成指數 ★★☆

責備孩子時請針對行為。
因為某個「行為」而提出意見是為了當事人著想，
但否定「人格」，對任何事都於事無補。
教養子女可以說是完全相同的道理，
即使同樣是提醒，
「不要亂跑」和「你亂跑，真是壞孩子」
是截然不同的兩句話。
否定人格只會使孩子喪失自信，
既然要導正錯誤的行為，就針對行為來糾正。

97

要聽話！

依據孩子的接受能力來傳達

立即達成指數
★☆☆

孩子和大人一樣，
都有一個接納對方意見的容器。
只不過，孩子的容量還很小，
有時會鬧脾氣，講什麼都聽不進去，
在這時候責備只會讓情況更糟。
建議**仔細觀察孩子，**
衡量給予意見的分量和時機，就能慢慢增加。
在孩子能力還不夠成熟時，放心等待守護吧！

98

好好聽話！

讓孩子聽進你的話，而不是制止

立即達成指數 ★★☆

發生會讓爸媽大動肝火的意外時，
通常孩子也是情緒激動，
十之八九會演變成爸媽斥責孩子「好好聽話！」。
但與其用言語制止，
想辦法讓孩子「冷靜」比跟孩子說教重要。
情緒亢奮的狀態，什麼話都聽不進去，
當下就先睜一隻眼閉一隻眼，
邊玩邊讓情緒冷靜下來再談吧！

99

不准打人！

孩子打人不一定是心懷惡意，可以陪他嘗試化解好奇！

立即達成指數
★★☆

大家應該看過孩子出手打大人的情形，
這時候大人通常是直接制止，
但其實孩子**未必有惡意**，很多時候只是想被注意或關注，
甚至是好奇你的反應。
所以不用一昧制止「不可以」，
可以給個規則，比方說**「用手輕拍看看」**，
和孩子玩，他就會滿足了。
因為他已經得到「引起大人關心」的目的了。

100

為什麼？

把「詢問原因」和「責備」分清楚

大人在責罵小孩的時候，
常會用「為什麼」這三個字開頭，
例如：「為什麼打人？」「為什麼不去準備？」
如果只是想問原因，千萬不要在這時候責罵孩子。
同時想問原因又想罵的話，
孩子會為了避免被罵而說謊或找藉口，
最後兩件事沒一件能做到。
請把兩件事確實分清楚，
才能達到談話的目的。

立即達成指數
★★☆

101

為什麼
做不到？

重點不是否定，而是找出原因

立即達成指數
★★☆

爸媽詢問孩子：「為什麼沒有收拾？」
通常孩子感受到的都是「我做不到，所以被罵」，
不僅失去幹勁，狀況也不會有所改善。
建議在詢問時，語氣要委婉，
並且要針對已發生的單一事件，詢問：

「為什麼沒有好好收拾呢？」

如此，更容易讓孩子思考原因並改善行為。

切記，不要否定孩子，而是詢問原因。

YouTube
專欄

改變問話，就能改變責備方式

舉凡家有幼兒的家庭，爸媽因為孩子打翻水，情緒失控大吼：「搞什麼！水都打翻了？」或是孩子玩了滿地玩具沒收拾的時候，斥責：「東西到處都是，為什麼不整理」……這些情況可能是司空見慣，家常便飯。

但冷靜下來思考，即使爸媽當下就追究「為什麼這麼做」，情況有立即獲得改善的，應該很少吧？

從事幼兒園教師的工作以來，我也常問孩子：「為什麼這麼做」、「為什麼不那麼做」。直到有一次，我突然驚覺這樣的問法根本於事無補，便決定改變我的問話方式。

至於怎麼改呢？就是把「為什麼」換成「什麼」。也就是說，不是問「為什麼這麼做」，而是問**「發生了什麼事」**。僅僅這樣的改變，孩子的反應會完全不同。

比方說，因為不小心，手肘碰到茶杯以致於打翻水杯時，如果問：「為什麼把水打翻？」孩子自然會覺得受到責怪，說話的人內心恐怕也是火冒三丈。整理玩具的情況也是一樣，「為什麼不收拾」這句話並不是想問原因，只是責罵。換句話說，**說出口的話和實際想法並不一樣，不論對大人或對孩子而言，狀況都不會有所改善**。

如果改問「發生了什麼事」，結果會是什麼呢？

孩子打翻水的時候，詢問他：**「水打翻了，發生了什麼事？」**孩子會覺得大人問的不是只有自己本身，而是包含自己在內的環境，更容易說出「因為我的手肘碰到茶杯」的事實。能夠說出原因，當然就更容易產生「下次要注意，手肘小心不要碰到茶杯」。

收拾玩具也是相同的情形，不是急著問「為什麼不收拾」而是「咦？玩具還沒有收好嗎？發生了什麼事？」這樣的問法，能令孩子感覺被關心，**更容易說出困擾的原因**，例如「因為玩具好多，不知道該從哪裡開始收」或是「我還想再玩」等。這樣就會知道問題在哪，如果是不知道怎麼收，大人可以給予協助；若是心情的問題，那就先同理孩子，再促使行動：「原來如此，你還想再玩啊？可是我們快要出門了喲！」

我把這個經驗分享給幼兒園的家長以後，有個家庭實際嘗試了這個做法。聽家長說，當時他們要準備出門玩，但孩子一直不肯穿鞋。如果是以前，爸媽早就抓狂大喊：「搞什麼，怎麼還不穿鞋子？」但這次他問孩子：「還沒穿好鞋子嗎？發生了什麼事？」結果孩子回答：「我覺得那一雙比較好！」原來原因就在這呢！

從孩子的角度來看，不穿鞋只是想穿另一雙的心情，但大人往往跳過了可能的因素，直接要求：「為什麼不穿？快點把鞋子穿好！」最後反而花更多時間才能要孩子穿上鞋子。

只不過，父母也是人，我並不認為爸媽可以每一次都能好整以暇地問孩子：「發生什麼事了？」，只要在心情能有餘裕時，問問孩子：「發生什麼事？」就好。

這個應對方式，不僅適用於孩子小時候，即使孩子長大了，也是可行的。比方說上了小學，必須一個人處理的事情會突然增加很多，這時候，如果向孩子追問：「為什麼沒做！」可能會使得孩子無法說出真正困擾的事情，而大人也難以發現問題。但是，只要平時就習慣問孩子：「發生什麼事了？」孩子就**比較能和父母商量所困擾的事情**。如果能這麼做，或許就能解決在學校的霸凌等問題吧？

責備的時候，請務必問「發生了什麼」。但是也有些情況，是問「為什麼」能有更好的效果，那就是「讚美的時候」。

比方說孩子畫好一幅畫，你讚美孩子：「畫得真棒！」這樣雖然很棒，但不妨多加一句**「為什麼你可以畫得這麼好？」**又或是孩子拿了折紙作品來給你看，你可以問他：「哇～你折的鬱金香真棒，為什麼你可以折得這麼好？」孩子一定會非常開心，甚至願意分享他努力的過程。這麼一來，孩子也會知道自己做了什麼努力，所以能做得好，能產生下次也要繼續努力的想法。

因此，責備時不要追問「為什麼」，而是問「發生什麼事」；讚美時則相反，要多問孩子：「為什麼？怎麼會這樣？」孩子的動力就能不斷地上升。請各位務必嘗試看看！

102

不知如何讚美

讓孩子知道「被看見」就夠了

很多爸媽知道「要多讚美孩子」，卻始終做不好。

這時候只要說出「眼前看到的事」就夠了。

「你正在玩積木呀~」、

「你今天搬的東西，看起來很重耶~」

對孩子這麼說，

他們就會覺得「被看見」，覺得受重視而開心。

煩惱「必須讚美孩子，卻不知怎麼著手」的爸媽，

就先從看見他們開始。

立即達成指數 ★★★

103

該讚美什麼呢

即使原本就會的事，被讚美也會開心

立即達成指數 ★★★

一天到晚罵孩子，到底要讚美他們什麼？

試著讚美那些「理所當然」的事情。

比方說，孩子換衣服或收玩具時，
讚美他「換衣服動作好快。」、
「玩具整理得好乾淨～」等，
你一定能看見孩子燦爛的笑臉。
即使是稱讚理所當然的事，
邁向下一個階段，就會變得更輕鬆。

104

希望孩子有幹勁

「好像媽媽／爸爸耶」對孩子而言，是最強的讚美

立即達成指數 ★★★

幼兒期的孩子正是最喜歡媽媽的年紀，
想要孩子協助家事的時候，
「好像媽媽耶～」
是孩子變積極的最強讚美。
雖然讚美「有你幫忙真好。」、
「謝謝，真是太開心了。」也很好，
但這時期的孩子格外崇拜媽媽，
「好像媽媽耶～」能使他們產生難以置信的幹勁。
當然，**「好像爸爸耶～」**也能產生相同的效果。

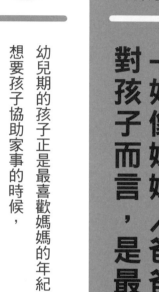

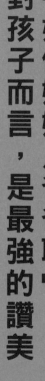

105

讚美效果倍增

透過中間人來傳達讚美

立即達成指數 ★★☆

讚美孩子時，有個讓效果倍增的簡單方法，
就是**「透過某個中間人來傳話」**。
比方說，**讓「媽媽告訴爸爸」孩子的優點，**
再讓「爸爸再對孩子說」
從媽媽口中聽到的優點。
這樣做，
等於全家都肯定自己的優點，
喜悅的心情更容易倍增。

106

好棒耶！

讚美時，直接告訴孩子「喜歡什麼地方」

立即達成指數
★★☆

讚美孩子畫的圖畫，與其只說「畫得好棒。」，
不如像這樣——
「這裡畫得真漂亮~」、「我很喜歡這裡的形狀。」
「顏色塗得真好看。」直接說明你喜歡的點，
更能提升孩子的幹勁。

說出「喜歡這幅畫的〇〇〇」，
具體的說明，可以讓孩子更有自信，也更能提高動力。

107

增加自信！

用言詞肯定，就能讓孩子更有信心

立即達成指數
★★☆

孩子要到九歲以後，
才懂得客觀地評價自己。

在這之前，大人的每一句話都會影響到孩子。
成天被念「都不會整理」、「動作慢吞吞」的孩子，
很容易會認定自己就是這個樣子，把自己給定型了。
相反的，在孩子稍稍達到你的要求時，就讚美他，
孩子就會往你希望他成為的樣子前進。

請牢記，積極、正向的言語非常重要！

108

讚美也沒用

讚美「心態」比讚美「行為」更有效

當孩子做出值得被稱讚的行為時，
與其讚美「行為本身」，
讚美「做這件事的心態」，
更能讓孩子持之以恆。
比方說，孩子把玩具借給朋友時，
稱讚他
「你有借給他的想法，真是體貼呢～」
比稱讚「你借玩具給他，好棒！」的效果更好。
讚美心態，
更能讓孩子在面對其他類似情況時展現同樣的態度。

立即達成指數 ★★☆

109

真是好孩子！

表現大人的喜悅是最棒的！

立即達成指數 ★★☆

讚美孩子時，

表現大人的喜悅，
例如「你能做到～，我真開心。」、
「你幫我～，真是幫了大忙」。
能夠讓孩子更開心，更有動力。

比起評價當下的行為，這類表露個人感情的話，更能表現出認可孩子的心情。

110

還沒好喲！

中途給予讚美、加油，就能順利達成

大人總是習慣在事情做到滿分時才願意讚美孩子，
假設收拾玩具的完成度是十，
孩子已經做到六分了，
大人還是盯著未完成的四。
建議各位爸媽要在**做到六時讚美**：
「房間變得好乾淨！」、「你很努力耶！」
為剩餘的四加油，
以這樣中途鼓勵的方式進行任何事，就更容易達成。

立即達成指數
★★☆

111

那個還沒好…

讚美沒完成的事也是愛的表現

立即達成指數 ★★☆

小孩是種很愛挑戰的生物，
經常什麼事都想玩、想嘗試，
但連做不到的事也搶著做，就讓爸媽傷腦筋了。
不用害怕孩子失去信心，就更是要稱讚他。
可以老實地告訴孩子：

「太重了搬不動，對吧？
等你長大，媽媽再拜託你喔！」

這麼一來，孩子就會了解「現在我還做不到」。
這也是愛孩子的表現。

112

沒這回事～

孩子被稱讚時就大方接受

很多爸媽會在自家孩子被稱讚時，
謙虛地回應：「沒有啦！」、「沒這回事！」
但這些話聽在孩子耳裡，其實相當受挫。
如果爸媽能毫無遲疑地說：
「對啊！」、「他很棒！」
孩子其實是會感受到鼓勵的。
這應該算是能帶來正面影響的「老王賣瓜」。

立即達成指數
★★★

YouTube
專欄

比讚美「你好棒」、「真是好孩子」更好的方法

「讚美孩子」是親子教養的一門功課。我經常在思考，要怎麼讚美，孩子才會開心，才能提高他們的動力？以下想分享我在幼兒園實踐的方法，孩子被稱讚後不僅笑容會改變，甚至會更有動力。方法非常簡單，請務必一試。

重點有二。第一個重點：讚美孩子時，**不要使用「真是好孩子」、「你好棒」**。因為這類的讚美，有時候會被認為是「獎賞的用詞」。

根據腦科學的研究，孩子聽到「把這件事完成，再買玩具給你。」或是「我買點心給你，快回家吧。」這些話時，和聽到「真是好孩子。」或「你好棒！」時，大腦的思考狀況十分接近。

因此，「真是好孩子」或「你好棒」，很有可能會變成「因為想要被這樣讚美，才做所要求的事」，或是「沒聽到這些讚美很不安所以去做」，把做事的動機往偏差的方向前進。

那麼，該如何讚美才對呢？其實有個方法，不用說「真是好孩子」或「你好棒」，也能鼓勵孩子，提高動力。比方說當孩子把玩具收拾乾淨時，告訴他：**「你收乾淨了耶！」只需講這一句就夠了**。爸媽們也許心裡會疑惑有可能嗎？但**真的只需要這一句話**。

只需這一句，孩子就能感受到自己做好整理這件事，**「爸媽知道我把鞋子排整齊了」。只需認知這個事實，孩子就很高興了。**

不需要多浮誇的讚美，只需在孩子「做到」的當下，給予認可，就能得到相同或甚至超越這些讚美的效果。當孩子完成什麼事情，只需要說「你完成了」就行，希望各位務必試試。

為了避免誤解，我想補充說明，不是不可以讚美孩子「你真是好孩子」、「你好棒」喔。事實上，孩子聽到爸媽的稱讚都會很開心，但我更希望大家能看到孩子的「完成」，看到事實。極有可能我們可以看到孩子露出比你讚美他「你真是好孩子」時更加燦爛的笑容。

其次是第二項重點。**讚美孩子時，請「讚美他的心意」**。

前面提到只需告訴孩子「你完成了耶」就足夠，但如果希望可以更有效果時，請試著讚美他的心意。

比方說孩子把玩具借給朋友時，稱讚他：「你願意把玩具借給朋友耶，真棒！」也很好，但如果能告訴孩子：**「你願意借玩具給朋友，真貼心！」**孩子將會更高興。

「真貼心」、「朋友一定也會覺得很高興」、「媽媽也很開心」等，這些**有關情感的話語表現**，能讓孩子了解到他所做的事會對他人產生的影響，因而增加孩子的動力。

第 9 章

身心的難題試試這一招

好好看清楚！

不喜歡被擦
鼻子和嘴巴

突然不開心

本來哭著
吵說想要的零食

為什麼哭呢？

超級讚！

113

要好、要快、要漂亮！

小小孩的手指靈活度勘比成人戴上兩層手套

常有人說，小小孩手指的靈活度，

大約是成人戴上兩層橡膠手套的程度。

大家不妨試想一下，

在這樣的狀態下，能夠靈巧地換衣服嗎？

穿好鞋子，漂亮地完成折紙步驟嗎？

這樣一想，

就能理解要求孩子「要好」、「要快」、「要漂亮」，有多困難。

頻頻催促孩子也只會造成惡性循環，

記得要給孩子充裕的時間能完成。

立即達成指數

★★★

114

看路好嘛！

不是沒在看，有時候是「沒看見」

孩子走路不小心撞到人或物品時，
大人常會警告：「看路好嘛！」
但很多時候，孩子不是沒看路，而是「沒看見」。

六歲兒童的視野範圍
大約是左右九十度，上下七十度

（成人是左右一百五十度、上下一百二十度）。
交通安全守則要求兒童過馬路時，得「左看、右看、再左看」，
如此大幅的擺頭確認不是誇張，而是孩子真的看不見。
在特別需要注意的危險場所，
大人可以環顧左右誇張地示範，這樣孩子就會模仿。

立即達成指數 ★★★

115

不准離開爸媽視線

孩子也有想獨處的時候

立即達成指數

★★☆

建議爸媽在孩子的日常生活空間，
製造一個「可以躲藏的空間」。
雖然爸媽常會要求孩子要隨時待在視線範圍內，
但**兩歲以後的孩子，也會有想獨處的需求**。
不需要完全是死角，有個矮架子就夠了。
讓他有一個「祕密基地」，
孩子更容易轉換心情，情緒能夠更穩定，
強烈建議一試！

116

平時就這樣啦！

「和平時一樣」才能安心

立即達成指數 ★★☆

孩子對日常的改變是很敏銳的。

比方說，散步時可以「看車子」，
但今天因為趕時間而不讓孩子看車子了，他極有可能會鬧脾氣。
對大人來說**「每天都有看車子，不是嗎？」**
但孩子卻認為**「每天都有看，今天也要看。」**
所以建議的處理方式是，就算時間縮短一些，也要讓他看，
這樣反而可以更順利地完成預定行程。

117

不喜歡
被擦口鼻

觸碰孩子前必定先告知

看到孩子流鼻水或吃完飯嘴巴沾得髒兮兮時，
大人的直覺反應常是拿了衛生紙，就要幫孩子擦拭。
通常，孩子這時的反應是面露不悅神情，
或是抗拒地把臉轉向一旁，
這是因為孩子被**大人突然的動作給嚇到了**。
如果能事先說一聲，
或許孩子會樂意接受你的幫忙。

立即達成指數
★★☆

118

突然不開心

可能是孩子自己的規劃被打亂了

立即達成指數

★★☆

就如同大人會安排計畫，

孩子也在腦子裡有自己的規劃。

「我想穿艾莎洋裝」、「我想在路上看電車」……卻不一定說出口。

因此，當孩子突然不開心或是號啕大哭時，

不妨問問：**「是不是有什麼想做的事？」**

或是先告訴孩子等等的行程：

「接下來我們要做〇〇喲！」

對於希望孩子能照著計畫行動，有極佳的效果。

119

今天
不買喲！

有時只要認同，孩子就會滿足

各位爸媽應該常遇到在購物時，
孩子自己挑了零食過來，
這時家長就會開始煩惱「要買嗎」。
但**很多時候孩子只是想要爸媽認同自己的大發現**。
所以與其劈頭就說：「不可以買糖果喔！」來潑孩子冷水，
不如認同他：
「這個圖案看起來好好吃」、「盒子好可愛！」
或許孩子就會因此感到滿足喲！

立即達成指數
★★★

120

買了零食又不要

自尊心是更重要的問題

立即達成指數
★★☆

兩、三歲大的孩子，在成長過程中會有種**「不想輸給爸媽」**的心態。

比方說在超商哭鬧著要買零食，展開一場拉鋸戰，好不容易買了回來，下一秒就興趣缺缺。

這種時候，孩子想要的可能不是玩具，而是不想輸給爸媽的「不可以買」。

其實孩子不是故意的，所以不妨以溫和的口氣對孩子說：「讓我看看那個零食好嗎～」情況就會改善。

121

為什麼哭呢？

哭泣是因為無法清楚表達，幫助孩子說出來

立即達成指數 ★★☆

有沒有請人幫忙搔背，
因為講不出哪邊癢，所以煩躁的心情？
詞彙量不足的幼童經常遇到這情形。
希望對方能了解，卻不知道怎麼講，
因為很懊惱、難受，最後就只能用哭的。
因此，**不妨代替孩子把心情說出來。**
反覆這麼做，
孩子就能逐漸學會將心情轉換成言語，
不著急慢慢表達出來。

122

不要哭了！

讓孩子哭個夠也是一種愛

立即達成指數 ★★★

孩子在哭鬧時，
爸媽都會想著是不是該做點什麼，好讓孩子轉換心情。
但其實，哭泣對孩子而言，也是「自己轉換心情的練習」。
只要時間及環境允許，
偶爾**讓孩子盡情地哭，也是愛的表現**。
立刻上前關切並沒有錯，
但先稍微觀察狀況，再想想該怎麼處理，
也是可以的。

123

孩子在假哭？

因為想表達，才會哭

有人說剛出生的嬰兒就懂得假哭了（因為「哭也沒有眼淚」），這其實是小寶寶淚腺功能還不夠發達的緣故，這時應該要了解的是，孩子為何要這樣**拚命地大哭，他想要表達什麼**。但想想再過半年時間，就可以「因為生氣而流淚」，小嬰兒的成長實在了不起！

立即達成指數 ★★★

124

半夜
哭不停！

嬰兒夜哭只是在媽媽肚子裡的習慣

立即達成指數
★★★

嬰兒會夜哭有許多原因，
其中一個是胎兒還在媽媽肚子裡時的習慣，
「白天太活潑會消耗血氧，對母體造成負擔，
導致媽媽晚上睡覺會頻繁地醒來」，
即使出生後還是暫時保有。
這個事實是否讓你對嬰兒夜哭的印象改觀呢？
嬰兒夜哭確實很折騰人，但父母的健康和孩子一樣重要，
千萬不要太過勉強。

125

超級盧！

吵著「陪我玩～」抱抱他就對了

立即達成指數 ★★★

孩子拿著玩具或故事書，要求大人一起玩時，
很常見的情形是，大人已經陪了，
但孩子還是意猶未盡，繼續拿著其他玩具或故事書。
遇到這種情況，
很可能孩子想要的不是玩耍，而是希望你抱抱他。

試著抱抱孩子，
或許就可以解決鬧脾氣的問題了。

也可以讓孩子坐在大人的腿上玩耍。

126

孩子問不停？

答案和孩子有關係就能接受

立即達成指數 ★★☆

很多孩子會連珠炮似地問不停，
例如：「為什麼晚上天空會變暗？」
這時大人的回答可能是
「因為太陽公公睡了」、「因為和月亮換班」等等各種理由，
分享一個能讓**孩子滿意的答案**，
就是**「因為要讓寶寶睡覺啊～」**這種和自己有關的答案。
傳達正確訊息很重要，
但這樣與孩子相關的答案更能讓他們滿意。

127

不打招呼

不是不願意開口叫人，只是因為害羞

孩子常會說：「要打招呼好丟臉～」
問他們原因，答案卻是「這樣很像大人。」
其實孩子不是討厭打招呼，
而是因為以前他們都是看大人這麼做，輪到自己時，
就覺得**很勉強，很難為情**。
這樣的扭扭捏捏，其實也有點可愛。
不妨多點耐心等他們成長。

立即達成指數
★★☆

YouTube
專欄

比「如果是你，你會怎麼樣？」更有效的講法

小孩發生打人或是搶人玩具時，常會聽到大人斥責：「如果人家也這樣對你，你會有什麼感覺？」或是「朋友也會很難過吧？」這類希望孩子能夠體諒對方心情的話語。但這些話對孩子來說，是**無法理解的**。因為這是需要把對方的心情投射在自己身上、察覺對方感受的能力，據說孩子的大腦發展，差不多要到小學、國中，甚至高中，才有辦法具備這樣的能力。

因此，要學齡前的孩子思考「換作是你會有什麼想法」，他根本就莫名其妙。當然，或許會有孩子可以回答：「我會覺得很討厭。」但這極可能是孩子聽過周圍大人說：「這樣很討厭啊！」才跟著照本宣科而已。

那麼，該怎麼做才好呢？試著換個方式——不要問「換作是你會有什麼想法？」而是問**「如果爸爸（媽媽）被打了，你會怎麼想？」**，這樣的提問更能讓孩子感同身受。孩子感受到的是，**重要的媽媽被打了，「我」覺得很討厭**。就算是成人，最重要的家人被欺負，一定會討厭，感覺生氣不是嗎？

這種「重要的人被打了，所以覺得討厭」的心情，和「如果是你，你會有什麼感覺？」的心情是最接近的。因此，遇到這種情況，直接用「如果爸爸（媽媽）被這麼對待，你會有什麼想法」的方法詢問。孩子會更易理解自己的行為，未來就能逐漸感同身受，思考對方會怎樣的心情。

第10章

想告訴爸爸媽媽的話

尿尿為什麼不是藍色的？

帶孩子很痛苦

書上不是這樣說！

忍不住和其他孩子比較

孩子讓我好煩躁

希望有人懂

128

尿尿不是藍色？

大家都是第一次當爸媽，孩子零歲，爸媽也是零歲

聽說醫生在為新生兒健康檢查時，
偶爾會遇到有爸媽詢問：

「為什麼寶寶的尿尿不像廣告那樣是藍色的？」

他們不是開玩笑，真的是因為不知道，所以不安、擔心。
大家都是第一次當爸媽，
你的孩子是零歲，自己成為父母的年齡也是零歲。
不知道是當然的，不安也是當然的。
真的有疑惑，就大方說出來，
接受周圍（包括政府機關）的支援或協助。

立即達成指數
★☆☆

129

書上不是這樣說

書上說的話，參考一半就行了

立即達成指數 ★★☆

不論是教養書、網路資訊，
養兒育女沒有絕對正確的方法。
當然，我所說的內容各位爸媽只需要聽一半就好，
甚至是**在順利時想著「成功了！」**也行，
這樣才能讓親子相處往更好的方向進行。
我所分享的只是諸多案例的其中之一而已。
最了解孩子的，
不是教養書、也不是媒體，而是各位爸爸媽媽。

130

帶孩子好煩躁

媽媽放鬆心情的自我照顧

因為忙於懷孕、育兒，與社會的連結變少，
和伴侶的親密時刻也跟著大減，
任何人都會因此變得煩躁。
建議媽媽在這時候，
輕拍自己的頭，
告訴自己：「我今天也很努力呢！」
與伴侶、家人間的肌膚接觸，
可以促使又名「愛情荷爾蒙」的催產素分泌，
即使是自我擁抱也可以舒緩心情，請務必試試看。

立即達成指數
★★★

131

帶孩子好累

有時候優先愛自己也沒關係

立即達成指數 ★★☆

照顧孩子的媽媽，
很常有「為了孩子而忍耐」的情形，
但是到最後卻變成
「都是因為孩子，所以才〇〇」的負面想法。
孩子幸福的前提是，爸爸媽媽要幸福。

有些時候，
比起孩子，爸媽更要優先照顧自己。

千萬不要忘記～

132

忍不住
去比較

發現「還不足」嗎？
那就想辦法從旁協助吧！

很多爸媽都有
「明知道比較不好，但總是忍不住把孩子和別人比」的煩惱，
但比較並非壞事，下意識地比較也是很自然的事。
發現孩子的不足，從旁協助也有優點的。
不好的是直接告訴孩子比較的結果，
例如：「○○可以做到，為什麼你做不到。」
若孩子的能力不夠，
一定要自然而然地從旁協助孩子。

立即達成指數
★☆☆

陪伴孩子換衣服也是一種遊戲

立即達成指數
★★☆

我很常聽到爸爸們的心事，
諸如「太忙了，沒空陪孩子玩～」、「回到家，孩子都睡了」等。
這種時候建議務必利用早晨時間，
陪孩子散步或讀本書都可以。
如果這也很難，
那就陪孩子一起換衣服，
即使是這類簡單的事，
孩子也感受到爸爸在身邊。
請務必從早晨的三分鐘開始！

134

希望有人懂

媽媽的抱怨，只想要「共鳴」被聽到

立即達成指數
★☆☆

聽到媽媽朋友對育兒的煩惱，
身旁的人最常有的回應就是直接給建議。
但重點應該是
先接納對方所煩惱的事情，給予認同。
很多時候，媽媽想要的只是獲得共鳴。
能在網路上找到的答案，媽媽們一定也都搜尋過了。
從共鳴開始，
就可以寬慰媽媽育兒的疲累吧！

135

聽我說！

不管媽媽說什麼都要聆聽

負責在家照顧孩子的全職媽媽是很鬱悶的，
因為一整天下來，可以談話的對象幾乎只有孩子。
而且，在某個年齡以前，
孩子都是聽不懂人話的小魔獸。
若是爸爸或其他家人不願聽她說，心情當然會沮喪。

所以，若各位身邊有媽媽朋友，
不管她想抱怨什麼，都要先好好聽她說！

立即達成指數
★☆☆

每個爸媽都是深愛孩子的，只要你盡了力，就是一百分！

感謝各位爸媽閱讀完本書。

最後有件重要的事想和大家分享——「這世上，沒有不愛孩子的父母」。

當然，新聞報導裡確實會出現極端的社會案例，但我認為極少極少的父母是不愛孩子的。

為什麼我會這麼說呢？遇到孩子咬其他小朋友或抓傷其他孩子等「問題行為」之類的情況，周遭的人常會說：「這是因為缺少父母關愛！」又或是讀了教養書，認為「我可能不夠愛孩子」而煩惱。

不過，我想強調：「絕對沒那回事！」

因為各位爸媽都是非常地拚命、努力啊！

家事、工作……即便有各式各樣的事得忙，您還是忍耐著想做的事，用心照顧孩子不是嗎？

如果做了這麼多事，還要被批評「不愛孩子」，那要做到什麼程度才對？難道是要爸媽「完全放棄」自己想做的事，「一年三百六十五天分分秒秒都花在孩子身上」？

那些不理解你每日生活，不清楚你是怎麼帶孩子的人，你根本不需要在意他們說的任何話。

說到底，爸媽不是神，爸媽只是普通人。

心情會有起伏是很自然的事，可能是因為身體不舒服或是工作不順利的關係。但是，身為爸媽，即使生活上遭遇種種失敗也要想辦法撐下去。在這樣的狀況下，就算你因為對孩子不耐煩而責罵了他，也不要覺得自己「只有二十分」或是「是個失控罵小孩的爛父母」，你是**「一百分」**的。

了解我的意思嗎？

就如我前面所說的，父母也有許多重要事項待處理，有時候用盡力氣，也只能做到某個程度。覺得這天只有二十分，但其實已經是一百分了，是你盡了一整天的努力，**拚命得到的一百分**。

很多爸媽會在我的 YouTube 頻道或推特上留言，「都是我不夠愛孩子，他才會有這種偏差行為」、「我的孩子已經是小學生了，現在關心他還來得及嗎？」對於這樣的疑問，我認為各位爸媽根本不需要去在乎。

因為讀了這本書或看了我的影片、推文，所以想要這樣做讓孩子更開心、這樣說對孩子比較適當……開始有這類體悟的你，怎會是不愛孩子呢？

你們已經是很棒的媽媽、很好的爸爸了。

不要再說自己是不合格的父母，責備自己不夠愛孩子，你完全不需要在意這些。我衷心期盼大家都能理直氣壯地讚美自己：「我今天做了家事，其他事情也很努力，還要照顧孩子，我真的很棒！」以充滿自信的笑臉和孩子渡過每一天。

因為有這樣的父母，孩子一定也會很開心。

這是我最後無論如何都想和各位分享的事。
謝謝大家。
我是T老師。

國家圖書館出版品預行編目資料

2 到 7 歲小孩秒聽話：日本最強幼兒園老師的神奇溝通術 / T老師作；卓惠娟譯 -- 初版 . -- 臺北市：三采文化股份有限公司 , 2022.06
面； 公分 . -- (親子共學堂 41)
ISBN 978-957-658-801-3(平裝)

1.CST: 親職教育 2.CST: 育兒
528.2 111004293

suncolor 三采文化集團

親子共學堂 41

2 到 7 歲小孩秒聽話

日本最強幼兒園老師的神奇溝通術

作者｜T 老師　譯者｜卓惠娟
編輯四部 總編輯｜王曉雯　主編｜黃迺淳　美術主編｜藍秀婷　封面設計｜李蕙雲
內頁排版｜陳佩君　校對｜周貝桂　版權選書｜劉契妙

發行人｜張輝明　總編輯長｜曾雅青　發行所｜三采文化股份有限公司
地址｜台北市內湖區瑞光路 513 巷 33 號 8 樓
傳訊｜TEL:8797-1234　FAX:8797-1688　網址｜www.suncolor.com.tw
郵政劃撥｜帳號：14319060　戶名：三采文化股份有限公司
初版發行｜2022 年 6 月 2 日　定價｜NT$360
7 刷｜2024 年 8 月 5 日